Libro

A mi hermano Paquito

Palabras de justificación

Ofrezco en este libro, todo ardor juvenil, y tortura, y ambición sin medida, la imagen exacta de mis días de adolescencia y juventud, esos días que enlazan el instante de hoy con mi misma infancia reciente.
En estas páginas desordenadas va el reflejo fiel de mi corazón y de mi espíritu, teñido del matiz que le prestara, al poseerlo, la vida palpitante en torno recién nacida para mi mirada.
Se hermana el nacimiento de cada una de estas poesías que tienes en tus manos, lector, al propio nacer de un brote nuevo del árbol músico de mi vida en flor. Ruindad fuera el menospreciar esta obra que tan enlazada está a mi propia vida.
Sobre su incorrección, sobre su limitación segura, tendrá este libro la virtud, entre otras muchas que yo advierto, de recordarme en todo instante mi infancia apasionada correteando desnuda por las praderas de una vega sobre un fondo de serranía.

Veleta

Julio de 1920
FUENTE VAQUEROS
GRANADA

Viento del Sur.
Moreno, ardiente,
Llegas sobre mi carne,
Trayéndome semilla
De brillantes
Miradas, empapado
De azahares.
Pones roja la luna
Y sollozantes
Los álamos cautivos, pero vienes
¡Demasiado tarde!
¡Ya he enrollado la noche de mi cuento
En el estante!
Sin ningún viento,
¡Hazme caso!
Gira, corazón;
Gira, corazón.
Aire del Norte,
¡Oso blanco del viento!,
Llegas sobre mi carne
Tembloroso de auroras
Boreales,
Con tu capa de espectros
Capitanes,
Y riyéndote a gritos
Del Dante.
¡Oh pulidor de estrellas!
Pero vienes
Demasiado tarde.
Mi almario está musgoso
Y he perdido la llave.
Sin ningún viento,
¡Hazme caso!
Gira, corazón;
Gira, corazón.
Brisas gnomos y vientos
De ninguna parte,
Mosquitos de la rosa
De pétalos pirámides,
Alisios destetados
Entre los rudos árboles,
Flautas en la tormenta,
¡Dejadme!
Tiene recias cadenas
Mi recuerdo,
Y está cautiva el ave

Que dibuja con trinos
La tarde.
Las cosas que se van no vuelven nunca,
Todo el mundo lo sabe,
Y entre el claro gentío de los vientos
Es inútil quejarse.
¿Verdad, chopo, maestro de la brisa?
¡Es inútil quejarse!
Sin ningún viento,
¡Hazme caso!
Gira, corazón;
Gira, corazón.
Los encuentros de un caracol aventurero

Diciembre de 1918
GRANADA

A Ramón P. Roda.

Hay dulzura infantil
en la mañana quieta.
Los árboles extienden
sus brazos a la tierra.
Un vaho tembloroso
cubre las sementeras,
y las arañas tienden
sus caminos de seda
—rayas al cristal limpio
del aire—.
En la alameda
un manantial recita
su canto entre las hierbas.
Y el caracol, pacífico
burgués de la vereda,
ignorado y humilde,
el paisaje contempla.
La divina quietud
de la Naturaleza
le dio valor y fe,
y olvidando las penas
de su hogar, deseó
ver el fin de la senda.
Echó a andar e internose
en un bosque de yedras
y de ortigas. En medio
había dos ranas viejas
que tomaban el sol,
aburridas y enfermas.
"Esos cantos modernos
—murmuraba una de ellas—
son inútiles". "Todos,

amiga —le contesta
la otra rana, que estaba
herida y casi ciega—.
Cuando joven creía
que si al fin Dios oyera
nuestro canto, tendría
compasión. Y mi ciencia,
pues ya he vivido mucho,
hace que no lo crea.
Yo ya no canto más..."
Las dos ranas se quejan
pidiendo una limosna
a una ranita nueva
que pasa presumida
apartando las hierbas.
Ante el bosque sombrío
el caracol se aterra.
Quiere gritar. No puede.
Las ranas se le acercan.
"¿Es una mariposa?",
dice la casi ciega.
"Tiene dos cuernecitos
—la otra rana contesta—.
Es el caracol. ¿Vienes,
caracol, de otras tierras?"
"Vengo de mi casa y quiero
volverme muy pronto a ella".
"Es un bicho muy cobarde
—exclama la rana ciega—.
¿No cantas nunca?" "No canto",
dice el caracol. "¿Ni rezas?"
"Tampoco: nunca aprendí".
"¿Ni crees en la vida eterna?"
"¿Qué es eso?
"Pues vivir siempre
en el agua más serena,
junto a una tierra florida
que a un rico manjar sustenta".
"Cuando niño a mí me dijo
un día mi pobre abuela
que al morirme yo me iría
sobre las hojas más tiernas
de los árboles más altos".
"Una hereje era tu abuela.
La verdad te la decimos
nosotras. Creerás en ella",
dicen las ranas furiosas.
"¿Por qué quise ver la senda?
—gime el caracol—. Sí creo
por siempre en la vida eterna
que predicáis..."
Las ranas,

muy pensativas, se alejan.
y el caracol, asustado,
se va perdiendo en la selva.
Las dos ranas mendigas
como esfinges se quedan.
Una de ellas pregunta:
"¿Crees tú en la vida eterna?"
"Yo no", dice muy triste
la rana herida y ciega.
"¿Por qué hemos dicho, entonces,
al caracol que crea?"
"Por qué... No sé por qué
—dice la rana ciega—.
Me lleno de emoción
al sentir la firmeza
con que llaman mis hijos
a Dios desde la acequia..."
El pobre caracol
vuelve atrás. Ya en la senda
un silencio ondulado
mana de la alameda.
Con un grupo de hormigas
encarnadas se encuentra.
Van muy alborotadas,
arrastrando tras ellas
a otra hormiga que tiene
tronchadas las antenas.
El caracol exclama:
"Hormiguitas, paciencia.
¿Por qué así maltratáis
a vuestra compañera?
Contadme lo que ha hecho.
Yo juzgaré en conciencia.
Cuéntalo tú, hormiguita".
La hormiga, medio muerta,
dice muy tristemente:
"Yo he visto las estrellas."
"¿Qué son las estrellas?", dicen
las hormigas inquietas.
Y el caracol pregunta
pensativo: "¿Estrellas?"
"Sí —repite la hormiga—,
he visto las estrellas,
subí al árbol más alto
que tiene la alameda
y vi miles de ojos
dentro de mis tinieblas".
El caracol pregunta:
"¿Pero qué son las estrellas?"
"Son luces que llevamos
sobre nuestra cabeza".
"Nosotras no las vemos",

las hormigas comentan.
Y el caracol: "Mi vista
sólo alcanza a las hierbas."
Las hormigas exclaman
moviendo sus antenas:
"Te mataremos; eres
perezosa y perversa.
El trabajo es tu ley."
"Yo he visto a las estrellas",
dice la hormiga herida.
Y el caracol sentencia:
"Dejadla que se vaya.
seguid vuestras faenas.
Es fácil que muy pronto
ya rendida se muera".
Por el aire dulzón
ha cruzado una abeja.
La hormiga, agonizando,
huele la tarde inmensa,
y dice: "Es la que viene
a llevarme a una estrella".
Las demás hormiguitas
huyen al verla muerta.
El caracol suspira
y aturdido se aleja
lleno de confusión
por lo eterno. "La senda
no tiene fin —exclama—.
Acaso a las estrellas
se llegue por aquí.
Pero mi gran torpeza
me impedirá llegar.
No hay que pensar en ellas".
Todo estaba brumoso
de sol débil y niebla.
Campanarios lejanos
llaman gente a la iglesia,
y el caracol, pacífico
burgués de la vereda,
aturdido e inquieto,
el paisaje contempla.
Canción otoñal

Noviembre de 1918
GRANADA

Hoy siento en el corazón
un vago temblor de estrellas,
pero mi senda se pierde
en el alma de la niebla.
La luz me troncha las alas

y el dolor de mi tristeza
va mojando los recuerdos
en la fuente de la idea.
Todas las rosas son blancas,
tan blancas como mi pena,
y no son las rosas blancas,
que ha nevado sobre ellas.
Antes tuvieron el iris.
También sobre el alma nieva.
La nieve del alma tiene
copos de besos y escenas
que se hundieron en la sombra
o en la luz del que las piensa.
La nieve cae de las rosas,
pero la del alma queda,
y la garra de los años
hace un sudario con ellas.
¿Se deshelará la nieve
cuando la muerte nos lleva?
¿O después habrá otra nieve
y otras rosas más perfectas?
¿Será la paz con nosotros
como Cristo nos enseña?
¿O nunca será posible
la solución del problema?
¿Y si el amor nos engaña?
¿Quién la vida nos alienta
si el crepúsculo nos hunde
en la verdadera ciencia
del Bien que quizá no exista,
y del Mal que late cerca?
¿Si la esperanza se apaga
y la Babel se comienza,
qué antorcha iluminará
los caminos en la Tierra?
¿Si el azul es un ensueño,
qué será de la inocencia?
¿Qué será del corazón
si el Amor no tiene flechas?
¿Si la muerte es la muerte,
qué será de los poetas
y de las cosas dormidas
que ya nadie las recuerda?
¡Oh sol de las esperanzas!
¡Agua clara! ¡Luna nueva!
¡Corazones de los niños!
¡Almas rudas de las piedras!
Hoy siento en el corazón
un vago temblor de estrellas
y todas las rosas son
tan blancas como mi pena.
Canción primaveral

28 de Marzo de 1919
GRANADA

I

Salen los niños alegres
de la escuela,
poniendo en el aire tibio
del abril canciones tiernas.
¡Qué alegría tiene el hondo
silencio de la calleja!
Un silencio hecho pedazos
por risas de plata nueva.

II

Voy camino de la tarde,
entre flores de la huerta,
dejando sobre el camino
el agua de mi tristeza.
En el monte solitario,
un cementerio de aldea
parece un campo sembrado
con granos de calaveras.
Y han florecido cipreses
como gigantes cabezas
que con órbitas vacías
y verdosas cabelleras
pensativos y dolientes
el horizonte contemplan.
¡Abril divino, que vienes
cargado de sol y esencias,
llena con nidos de oro
las floridas calaveras!

Canción menor

Diciembre de 1918
GRANADA

Tienen gotas de rocío
las alas del ruiseñor,
gotas claras de la luna
cuajadas por su ilusión.
Tiene el mármol de la fuente
el beso del surtidor,
sueño de estrellas humildes.
Las niñas de los jardines
me dicen todas adiós
cuando paso. Las campanas
también me dicen adiós.

Y los árboles se besan
en el crepúsculo. Yo
voy llorando por la calle,
grotesco y sin solución,
con tristeza de Cyrano
y de Quijote,
redentor
de imposibles infinitos
con el ritmo del reloj.
Y veo secarse los lirios
al contacto de mi voz
manchada de luz sangrienta,
y en mi lírica canción
llevo galas de payaso
empolvado. El amor
bello y lindo se ha escondido
bajo una araña. El sol
como otra araña me oculta
con sus patas de oro. No
conseguiré mi ventura,
pues soy como el mismo Amor,
cuyas flechas son de llanto,
y el carcaj el corazón.
Daré todo a los demás
y lloraré mi pasión
como niño abandonado
en cuento que se borró.
Elegía a Doña Juana la Loca

Diciembre de 1918
GRANADA

A Melchor Fernández Almagro

Princesa enamorada sin ser correspondida.
Clavel rojo en un valle profundo y desolado.
La tumba que te guarda rezuma tu tristeza
a través de los ojos que ha abierto sobre el mármol.
Eras una paloma con alma gigantesca
cuyo nido fue sangre del suelo castellano,
derramaste tu fuego sobre un cáliz de nieve
y al querer alentarlo tus alas se troncharon.
Soñabas que tu amor fuera como el infante
que te sigue sumiso recogiendo tu manto.
Y en vez de flores, versos y collares de perlas,
te dio la Muerte rosas marchitas en un ramo.
Tenías en el pecho la formidable aurora
de Isabel de Segura. Melibea. Tu canto,
como alondra que mira quebrarse el horizonte,
se torna de repente monótono y amargo.
Y tu grito estremece los cimientos de Burgos.

Y oprime la salmodia del coro cartujano.
Y choca con los ecos de las lentas campanas
perdiéndose en la sombra tembloroso y rasgado.
Tenías la pasión que da el cielo de España.
La pasión del puñal, de la ojera y el llanto.
¡Oh princesa divina de crepúsculo rojo,
con la rueca de hierro y de acero lo hilado!
Nunca tuviste el nido, ni el madrigal doliente,
ni el laúd juglaresco que solloza lejano.
Tu juglar fue un mancebo con escamas de plata
y un eco de trompeta su acento enamorado.
Y, sin embargo, estabas para el amor formada,
hecha para el suspiro, el mimo y el desmayo,
para llorar tristeza sobre el pecho querido
deshojando una rosa de olor entre los labios.
Para mirar la luna bordada sobre el río
y sentir la nostalgia que en sí lleva el rebaño
y mirar los eternos jardines de la sombra,
¡oh princesa morena que duermes bajo el mármol!
¿Tienes los ojos negros abiertos a la luz?
O se enredan serpientes a tus senos exhaustos...
¿Dónde fueron tus besos lanzados a los vientos?
¿Dónde fue la tristeza de tu amor desgraciado?
En el cofre de plomo, dentro de tu esqueleto,
tendrás el corazón partido en mil pedazos.
Y Granada te guarda como santa reliquia,
¡oh princesa morena que duermes bajo el mármol!
Eloisa y Julieta fueron dos margaritas,
pero tú fuiste un rojo clavel ensangrentado
que vino de la tierra dorada de Castilla
a dormir entre nieve y ciprerales castos.
Granada era tu lecho de muerte, Doña Juana,
los cipreses, tus cirios; la sierra, tu retablo.
Un retablo de nieve que mitigue tus ansias,
¡con el agua que pasa junto a ti! ¡La del Dauro!
Granada era tu lecho de muerte, Doña Juana,
la de las torres viejas y del jardín callado,
la de la yedra muerta sobre los muros rojos,
la de la niebla azul y el arrayán romántico.
Princesa enamorada y mal correspondida.
Clavel rojo en un valle profundo y desolado.
La tumba que te guarda rezuma tu tristeza
a través de los ojos que ha abierto sobre el mármol.
¡Cigarra!

3 de agosto de 1918
FUENTE VAQUEROS
GRANADA

A María Luisa

¡Cigarra!
¡Dichosa tú!,
que sobre el lecho de tierra
mueres borracha de luz.
Tú sabes de las campiñas
el secreto de la vida,
y el cuento del hada vieja
que nacer hierba sentía
en ti quedóse guardado.
¡Cigarra!
¡Dichosa tú!,
pues mueres bajo la sangre
de un corazón todo azul.
La luz es Dios que desciende,
y el sol
brecha por donde se filtra.
¡Cigarra!
¡Dichosa tú!,
pues sientes en la agonía
todo el peso del azul.
Todo lo vivo que pasa
por las puertas de la muerte
va con la cabeza baja
y un aire blanco durmiente.
Con habla de pensamiento.
Sin sonidos…
Tristemente,
cubierto con el silencio
que es el manto de la muerte.
Mas tú, cigarra encantada,
derramando son, te mueres
y quedas transfigurada
en sonido y luz celeste.
¡Cigarra!
¡Dichosa tú!,
pues te envuelve con su manto
el propio Espíritu Santo,
que es la luz.
¡Cigarra!
Estrella sonora
sobre los campos dormidos,
vieja amiga de las ranas
y de los oscuros grillos,
tienes sepulcros de oro
en los rayos tremolinos
del sol que dulce te hiere
en la fuerza del Estío,
y el sol se lleva tu alma
para hacerla luz.
Sea mi corazón cigarra
sobre los campos divinos.
Que muera cantando lento

por el cielo azul herido
y cuando esté ya expirando
una mujer que adivino
lo derrame con sus manos
por el polvo.
Y mi sangre sobre el campo
sea rosado y dulce limo
donde claven sus azadas
los cansados campesinos.
¡Cigarra!
¡Dichosa tú!,
pues te hieren las espadas invisibles
del azul.
Balada triste

Pequeño poema.

Abril de 1918
GRANADA

¡Mi corazón es una mariposa,
niños buenos del prado!,
que presa por la araña gris del tiempo
tiene el polen fatal del desengaño.
De niño yo canté como vosotros,
niños buenos del prado,
solté mi gavilán con las temibles
cuatro uñas de gato.
Pasé por el jardín de Cartagena
la verbena invocando
y perdí la sortija de mi dicha
al pasar el arroyo imaginario.
Fui también caballero
una tarde fresquita de mayo.
Ella era entonces para mí el enigma,
estrella azul sobre mi pecho intacto.
Cabalgué lentamente hacia los cielos.
Era un domingo de pipirigallo.
Y vi que en vez de rosas y claveles
ella tronchaba lirios con sus manos.
Yo siempre fui intranquilo,
niños buenos del prado.
el ella del romance me sumía
en ensoñares claros:
¿quién será la que coge los claveles
y las rosas de mayo?
¿Y por qué la verán sólo los niños
a lomos de Pegaso?
¿Será esa misma la que en los rondones
con tristeza llamamos
estrella, suplicándole que salga

a danzar por el campo…?
En abril de mi infancia yo cantaba,
niños buenos del prado,
la ella impenetrable del romance
donde sale Pegaso.
Yo decía en las noches la tristeza
de mi amor ignorado,
y la luna lunera, ¡qué sonrisa
ponía entre sus labios!
¿Quién será la que corta los claveles
y las rosas de mayo?
Y de aquella chiquilla, tan bonita,
que su madre ha casado,
¿en qué oculto rincón de cementerio
dormirá su fracaso?
Yo solo con mi amor desconocido,
sin corazón, sin llantos,
hacia el techo imposible de los cielos
con un gran sol por báculo.
¡Qué tristeza tan seria me da sombra!
Niños buenos del prado,
cómo recuerda dulce corazón
los días ya lejanos…
¿Quién será la que corta los claveles
y las rosas de mayo?
Mañana

7 de Agosto de 1918
FUENTE VAQUEROS
GRANADA

A Fernando Marchesi

Y la canción del agua
es una cosa eterna.
Es la savia entrañable
que madura los campos.
Es sangre de poetas
que dejaron sus almas
perderse en los senderos
de la Naturaleza.
¡Qué armonías derrama
al brotar de la peña!
Se abandona a los hombres
con sus dulces cadencias.
La mañana está clara.
Los hogares humean,
y son los humos brazos
que levantan la niebla.
Escuchad los romances
del agua en las choperas.

¡Son pájaros sin alas
perdidos entre hierbas!
Los árboles que cantan
se tronchan y se secan.
Y se tornan llanuras
las montañas serenas.
Mas la canción del agua
es una cosa eterna.
Ella es luz hecha canto
de ilusiones románticas.
Ella es firme y suave,
llena de cielo y mansa.
Ella es niebla y es rosa
de la eterna mañana.
Miel de luna que fluye
de estrellas enterradas.
¿Qué es el santo bautismo,
sino Dios hecho agua
que nos unge las frentes
con su sangre de gracia?
Por algo Jesucristo
en ella confirmose.
Por algo las estrellas
en sus ondas descansan.
Por algo madre Venus
en su seno engendrose,
que amor de amor tomamos
cuando bebemos agua.
Es el amor que corre
todo manso y divino,
es la vida del mundo,
la historia de su alma.
Ella lleva secretos
de las bocas humanas,
pues todos la besamos
y la sed nos apaga.
Es un arca de besos
de bocas ya cerradas,
es eterna cautiva,
del corazón hermana.
Cristo debió decirnos:
"Confesaos con el agua,
de todos los dolores,
de todas las infamias.
¿A quién mejor, hermanos,
entregar nuestras ansias
que a ella que sube al cielo
en envolturas blancas?"
No hay estado perfecto
como al tomar el agua,
nos volvemos más niños
y más buenos: y pasan

nuestras penas vestidas
con rosadas guirnaldas.
Y los ojos se pierden
en regiones doradas.
¡Oh fortuna divina
por ninguno ignorada!
Agua dulce en que tantos
sus espíritus lavan,
no hay nada comparable
con tus orillas santas
si una tristeza honda
nos ha dado sus alas.

La sombra de mi alma

Diciembre de 1919
MADRID

La sombra de mi alma
Huye por un ocaso de alfabetos,
Niebla de libros
Y palabras.
¡La sombra de mi alma!
He llegado a la línea donde cesa
La nostalgia,
Y la gota de llanto se transforma,
Alabastro de espíritu.
(¡La sombra de mi alma!)
El copo del dolor
Se acaba,
Pero queda la razón y la sustancia
De mi viejo mediodía de labios,
De mi viejo mediodía
De miradas.
Un turbio laberinto
De estrellas ahumadas
Enreda mi ilusión
Casi marchita.
¡La sombra de mi alma!
Y una alucinación
Me ordeña las miradas.
Veo la palabra amor
Desmoronada.
¡Ruiseñor mío!
¡Ruiseñor!
¿Aún cantas?

Lluvia

Enero de 1919
GRANADA

La lluvia tiene un vago secreto de ternura,

algo de soñolencia resignada y amable,
una música humilde se despierta con ella
que hace vibrar el alma dormida del paisaje.
Es un besar azul que recibe la Tierra,
el mito primitivo que vuelve a realizarse.
El contacto ya frío de cielo y tierra viejos
con una mansedumbre de atardecer constante.
Es la aurora del fruto. La que nos trae las flores
y nos unge de espíritu santo de los mares.
La que derrama vida sobre las sementeras
y en el alma tristeza de lo que no se sabe.
La nostalgia terrible de una vida perdida,
el fatal sentimiento de haber nacido tarde,
o la ilusión inquieta de un mañana imposible
con la inquietud cercana del color de la carne.
El amor se despierta en el gris de su ritmo,
nuestro cielo interior tiene un triunfo de sangre,
pero nuestro optimismo se convierte en tristeza
al contemplar las gotas muertas en los cristales.
Y son las gotas: ojos de infinito que miran
al infinito blanco que les sirvió de madre.
Cada gota de lluvia tiembla en el cristal turbio
y le dejan divinas heridas de diamante.
Son poetas del agua que han visto y que meditan
lo que la muchedumbre de los ríos no sabe.
¡Oh lluvia silenciosa, sin tormentas ni vientos,
lluvia mansa y serena de esquila y luz suave,
lluvia buena y pacifica que eres la verdadera,
la que llorosa y triste sobre las cosas caes!
¡Oh lluvia franciscana que llevas a tus gotas
almas de fuentes claras y humildes manantiales!
Cuando sobre los campos desciendes lentamente
las rosas de mi pecho con tus sonidos abres.
El canto primitivo que dices al silencio
y la historia sonora que cuentas al ramaje
los comenta llorando mi corazón desierto
en un negro y profundo pentágrama sin clave.
Mi alma tiene tristeza de la lluvia serena,
tristeza resignada de cosa irrealizable,
tengo en el horizonte un lucero encendido
y el corazón me impide que corra a contemplarle.
¡Oh lluvia silenciosa que los árboles aman
y eres sobre el piano dulzura emocionante;
das al alma las mismas nieblas y resonancias
que pones en el alma dormida del paisaje!
Si mis manos pudieran deshojar

10 de noviembre de 1919
GRANADA

Yo pronuncio tu nombre
En las noches oscuras

Cuando vienen los astros
A beber en la luna
Y duermen los ramajes
De las frondas ocultas.
Y yo me siento hueco
De pasión y de música.
Loco reloj que canta
Muertas horas antiguas.
Yo pronuncio tu nombre
En esta noche oscura,
Y tu nombre me suena
Más lejano que nunca.
Más lejano que todas las estrellas
Y más doliente que la mansa lluvia.
¿Te querré como entonces
Alguna vez? ¿Qué culpa
Tiene mi corazón?
Si la niebla se esfuma,
¿Qué otra pasión me espera?
¿Será tranquila y pura?
¡¡Si mis dedos pudieran
Deshojar a la luna!!
El canto de la miel

Noviembre de 1918
GRANADA

La miel es la palabra de Cristo,
el oro derretido de su amor.
El más allá del néctar,
la momia de la luz del paraíso.
La colmena es una estrella casta,
pozo de ámbar que alimenta el ritmo
de las abejas. Seno de los campos
tembloroso de aromas y zumbidos.
La miel es la epopeya del amor,
la materialidad de lo infinito.
Alma y sangre doliente de las flores
condensada a través de otro espíritu.
(Así la miel del hombre es la poesía
que mana de su pecho dolorido,
de un panal con la cera del recuerdo
formado por la abeja de lo íntimo)
La miel es la bucólica lejana
del pastor, la dulzaina y el olivo,
hermana de la leche y las bellotas,
reinas supremas del dorado siglo.
La miel es como el sol de la mañana,
tiene toda la gracia del estío
y la frescura vieja del otoño.
Es la hoja marchita y es el trigo.

¡Oh divino licor de la humildad,
sereno como un verso primitivo!
La armonía hecha carne tú eres,
el resumen genial de lo lírico.
En ti duerme la melancolía,
el secreto del beso y del grito.
Dulcísima. Dulce. Éste es tu adjetivo.
Dulce como los vientres de las hembras.
Dulce como los ojos de los niños.
Dulce como las sombras de la noche.
Dulce como una voz.
O como un lirio.
Para el que lleva la pena y la lira,
eres sol que ilumina el camino.
Equivales a todas las bellezas,
al color, a la luz, a los sonidos.
¡Oh! Divino licor de la esperanza,
donde a la perfección del equilibrio
llegan alma y materia en unidad
como en la hostia cuerpo y luz de Cristo.
Y el alma superior es de las flores,
¡Oh licor que esas almas has unido!
El que te gusta no sabe que traga
un resumen dorado del lirismo.
Elegía

Diciembre de 1918
GRANADA

Como un incensario lleno de deseos,
pasas en la tarde luminosa y clara
con la carne oscura de nardo marchito
y el sexo potente sobre tu mirada.
Llevas en la boca tu melancolía
de pureza muerta, y en la dionisíaca
copa de tu vientre la araña que teje
el velo infecundo que cubre la entraña
nunca florecida con las vivas rosas
fruto de los besos.
En tus manos blancas
llevas la madeja de tus ilusiones,
muertas para siempre, y sobre tu alma
la pasión hambrienta de besos de fuego
y tu amor de madre que sueña lejanas
visiones de cunas en ambientes quietos,
hilando en los labios lo azul de la nana.
Como Ceres dieras tus espigas de oro
si el amor dormido tu cuerpo tocara,
y como la virgen María pudieras brotar
de tus senos otra vía láctea.
Te marchitarás como la magnolia.

Nadie besará tus muslos de brasa.
Ni a tu cabellera llegarán los dedos
que la pulsen como las cuerdas de un arpa.
¡Oh mujer potente de ébano y de nardo!
cuyo aliento tiene blancor de biznagas.
Venus del mantón de Manila que sabe
del vino de Málaga y de la guitarra.
¡Oh cisne moreno! cuyo lago tiene
lotos de saetas, olas de naranjas
y espumas de rojos claveles que aroman
los niños marchitos que hay bajo sus alas.
Nadie te fecunda. Mártir andaluza,
tus besos debieron ser bajo una parra
plenos del silencio que tiene la noche
y del ritmo turbio del agua estancada.
Pero tus ojeras se van agrandando
y tu pelo negro va siendo de plata;
tus senos resbalan escanciando aromas
y empieza a curvarse tu espléndida espalda.
¡Oh mujer esbelta, maternal y ardiente!
Virgen dolorosa que tiene clavadas
todas las estrellas del cielo profundo
en su corazón ya sin esperanza.
Eres el espejo de una Andalucía
que sufre pasiones gigantes y calla,
pasiones mecidas por los abanicos
y por las mantillas sobre las gargantas
que tienen temblores de sangre, de nieve,
y arañazos rojos hechos por miradas.
Te vas por la niebla del otoño, virgen
como Inés, Cecilia, y la dulce Clara,
siendo una bacante que hubiera danzado
de pámpanos verdes y vid coronada.
La tristeza inmensa que flota en tus ojos
nos dice tu vida rota y fracasada,
la monotonía de tu ambiente pobre
viendo pasar gente desde tu ventana,
oyendo la lluvia sobre la amargura
que tiene la vieja calle provinciana,
mientras que a lo lejos suenan los clamores
turbios y confusos de unas campanadas.
Mas en vano escuchaste los acentos del aire.
Nunca llegó a tus oídos la dulce serenata.
Detrás de tus cristales aún miras anhelante.
¡Qué tristeza tan honda tendrás dentro del alma
al sentir en el pecho ya cansado y exhausto
la pasión de una niña recién enamorada!
Tu cuerpo irá a la tumba
intacto de emociones.
Sobre la oscura tierra
brotará una alborada.
De tus ojos saldrán dos claveles sangrientos

y de tus senos, rosas como la nieve blancas.
Pero tu gran tristeza se irá con las estrellas,
como otra estrella digna de herirlas y eclipsarlas.

Santiago

(Balada ingenua)

25 de Julio de 1918
FUENTE VAQUEROS
GRANADA

I

Esta noche ha pasado Santiago
su camino de luz en el cielo.
Lo comentan los niños jugando
con el agua de un cauce sereno.
¿Dónde va el peregrino celeste
por el claro infinito sendero?
Va a la aurora que brilla en el fondo
en caballo blanco como el hielo.
¡Niños chicos, cantad en el prado
horadando con risas al viento!
Dice un hombre que ha visto a Santiago
en tropel con doscientos guerreros;
iban todos cubiertos de luces,
con guirnaldas de verdes luceros,
y el caballo que monta Santiago
era un astro de brillos intensos.
Dice el hombre que cuenta la historia
que en la noche dormida se oyeron
tremolar plateado de alas
que en sus ondas llevóse el silencio.
¿Qué sería que el río paróse?
Eran ángeles los caballeros.
¡Niños chicos, cantad en el prado.
horadando con risas al viento!
Es la noche de luna menguante.
¡Escuchad! ¿Qué se siente en el cielo,
que los grillos refuerzan sus cuerdas
y dan voces los perros vegueros?
—Madre abuela, ¿cuál es el camino,
madre abuela, que yo no lo veo?
—Mira bien y verás una cinta
de polvillo harinoso y espeso,
un borrón que parece de plata
o de nácar. ¿Lo ves?
—Ya lo veo.
Madre abuela. ¿Dónde está Santiago?
—Por allí marcha con su cortejo
la cabeza llena de plumajes

y de perlas muy finas el cuerpo,
con la luna rendida a sus plantas,
con el sol escondido en el pecho.
Esta noche en la vega se escuchan
los relatos brumosos del cuento.
¡Niños chicos, cantad en el prado,
horadando con risas al viento!

II

Una vieja que vive muy pobre
en la parte más alta del pueblo,
que posee una rueca inservible,
una virgen y dos gatos negros,
mientras hace la ruda calceta
con sus secos y temblones dedos,
rodeada de buenas comadres
y de sucios chiquillos traviesos,
en la paz de la noche tranquila,
con las sierras perdidas en negro,
va contando con ritmos tardíos
la visión que ella tuvo en sus tiempos.
Ella vio en una noche lejana
como ésta, sin ruidos ni vientos,
el apóstol Santiago en persona,
peregrino en la tierra del cielo.
—Y comadre, ¿cómo iba vestido?
—le preguntan dos voces a un tiempo—.
—Con bordón de esmeraldas y perlas
y una túnica de terciopelo.
Cuando hubo pasado la puerta,
mis palomas sus alas tendieron,
y mi perro, que estaba dormido,
fue tras él sus pisadas lamiendo.
Era dulce el Apóstol divino,
más aún que la luna de enero.
A su paso dejó por la senda
un olor de azucena y de incienso.
—Y comadre, ¿no le dijo nada?
—la preguntan dos voces a un tiempo—.
—Al pasar me miró sonriente
y una estrella dejóme aquí dentro.
—¿Dónde tienes guardada esa estrella?
—la pregunta un chiquillo travieso—.
—¿Se ha apagado —dijéronle otros—
como cosa de un encantamiento?
—No, hijos míos, la estrella relumbra,
que en el alma clavada la llevo.
—¿Cómo son las estrellas aquí?
—Hijo mío, igual que en el cielo.
—Siga, siga la vieja comadre.
¿Dónde iba el glorioso viajero?
—Se perdió por aquellas montañas

con mis blancas palomas y el perro.
Pero llena dejome la casa
de rosales y de jazmineros,
y las uvas verdes en la parra
maduraron, y mi troje lleno
encontré la siguiente mañana.
Todo obra del Apóstol bueno.
—¡Grande suerte que tuvo, comadre!
—sermonean dos voces a un tiempo—.
Los chiquillos están ya dormidos
y los campos en hondo silencio.
¡Niños chicos, pensad en Santiago
por los turbios caminos del sueño!
¡Noche clara, finales de julio!
¡Ha pasado Santiago en el cielo!
La tristeza que tiene mi alma,
por el blanco camino la dejo,
para ver si la encuentran los niños
y en el agua la vayan hundiendo,
para ver si en la noche estrellada
a muy lejos la llevan los vientos.
El diamante

Noviembre de l920
GRANADA

El diamante de una estrella
ha rayado el hondo cielo,
pájaro de luz que quiere
escapar del universo
y huye del enorme nido
donde estaba prisionero
sin saber que lleva atada
una cadena en el cuello.
Cazadores extrahumanos
están cazando luceros,
cisnes de plata maciza
en el agua del silencio.
Los chopos niños recitan
su cartilla; es el maestro
un chopo antiguo que mueve
tranquilo sus brazos muertos.
Ahora en el monte lejano
jugarán todos los muertos
a la baraja. ¡Es tan triste
la vida en el cementerio!
¡Rana, empieza tu cantar!
¡Grillo, sal de tu agujero!
Haced un bosque sonoro
con vuestras flautas. Yo vuelo
hacia mi casa intranquilo.

Se agitan en mi cerebro
dos palomas campesinas
y en el horizonte, ¡lejos!,
se hunde el arcaduz del día.
¡Terrible noria del tiempo!
Madrigal de verano

Agosto de 1920
VEGA DE ZUJAIRA

Junta tu roja boca con la mía,
¡oh Estrella la gitana!
Bajo el oro solar del mediodía
morderá la manzana.
En el verde olivar de la colina
hay una torre mora,
del color de tu carne campesina
que sabe a miel y aurora.
Me ofreces en tu cuerpo requemado
el divino alimento
que da flores al cauce sosegado
y luceros al viento.
¿Cómo a mí te entregaste, luz morena?
¿Por qué me diste llenos
de amor tu sexo de azucena
y el rumor de tus senos?
¿No fue por mi figura entristecida?
(¡Oh mis torpes andares!)
¿Te dio lástima acaso de mi vida,
marchita de cantares?
¿Cómo no has preferido a mis lamentos
los muslos sudorosos
de un San Cristóbal campesino, lentos
en el amor y hermosos?
Danaide del placer eres conmigo.
Femenino Silvano.
Huelen tus besos como huele el trigo
reseco del verano.
Entúrbiame los ojos con tu canto.
Deja tu cabellera
extendida y solemne como un manto
de sombra en la pradera.
Píntame con tu boca ensangrentada
un cielo del amor,
en un fondo de carne la morada
estrella de dolor.
Mi pegaso andaluz está cautivo
de tus ojos abiertos;
volará desolado y pensativo
cuando los vea muertos.
Y aunque no me quisieras te querría

por tu mirar sombrío,
como quiere la alondra al nuevo día,
sólo por el rocío.
Junta tu roja boca con la mía,
¡oh Estrella la gitana!
Déjame bajo el claro mediodía
consumir la manzana.
Cantos nuevos

Agosto de 1920
VEGA DE ZUJAIRA

Dice la tarde: "¡Tengo sed de sombra!"
Dice la luna: "¡Yo, sed de luceros!"
La fuente cristalina pide labios
y suspira el viento.
Yo tengo sed de aromas y de risas,
sed de cantares nuevos
sin lunas y sin lirios,
y sin amores muertos.
Un cantar de mañana que estremezca
a los remansos quietos
del porvenir. Y llene de esperanza
sus ondas y sus cienos.
Un cantar luminoso y reposado
pleno de pensamiento,
virginal de tristeza y de angustias
y virginal de ensueños.
Cantar sin carne lírica que llene
de risas el silencio
(una bandada de palomas ciegas
lanzadas al misterio).
Cantar que vaya al alma de las cosas
y al alma de los vientos
y que descanse al fin en la alegría
del corazón eterno.
Alba

Abril de 1915
GRANADA

Mi corazón oprimido
siente junto a la alborada
el dolor de sus amores
y el sueño de las distancias.
La luz de la aurora lleva
semillero de nostalgias
y la tristeza sin ojos
de la médula del alma.
La gran tumba de la noche

su negro velo levanta
para ocultar con el día
la inmensa cumbre estrellada.
¡Qué haré yo sobre estos campos
cogiendo nidos y ramas,
rodeado de la aurora
y llena de noche el alma!
¡Qué haré si tienes tus ojos
muertos a las luces claras
y no ha de sentir mi carne
el calor de tus miradas!
¿Por qué te perdí por siempre
en aquella tarde clara?
Hoy mi pecho está reseco
como una estrella apagada.
El presentimiento

Agosto de 1920
VEGA DE ZUJAIRA

El presentimiento
es la sonda del alma
en el misterio.
Nariz del corazón,
que explora en la tiniebla
del tiempo.
Ayer es lo marchito.
El sentimiento
y el campo funeral
del recuerdo.
Anteayer
es lo muerto.
Madriguera de ideas moribundas
de pegasos sin freno.
Malezas de memorias
y desiertos
perdidos en la niebla
de los sueños.
Nada turba los siglos
pasados.
No podemos
arrancar un suspiro
de lo viejo.
El pasado se pone
su coraza de hierro
y tapa sus oídos
con algodón del viento.
Nunca podrá arrancársele
un secreto.
Sus músculos de siglos
y su cerebro

de marchitas ideas
en feto
no darán el licor que necesita
el corazón sediento.
Pero el niño futuro
nos dirá algún secreto
cuando juegue en su cama
de luceros.
Y es fácil engañarle;
por eso,
démosle con dulzura
nuestro seno.
Que el topo silencioso
del presentimiento
nos traerá sus sonajas
cuando se esté durmiendo.

Canción para la luna

Agosto de 1920

Blanca tortuga,
luna dormida,
¡qué lentamente
caminas!
Cerrando un párpado
de sombras, miras
cual arqueológica
pupila.
Que quizá sea…
(Satán es tuerto)
una reliquia.
Viva lección
para anarquistas.
Jehová acostumbra
sembrar su finca
con ojos muertos
y cabecitas
de sus contrarias
milicias.
Gobierna rígido
la faz divina
con su turbante
de niebla fría,
poniendo dulces
astros sin vida
al rubio cuervo
del día.
Por eso, luna,
¡luna dormida!,
vas protestando
seca de brisas,

del gran abuso
la tiranía
de ese Jehová
que os encamina
por una senda,
¡siempre la misma!,
mientras él goza
en compañía
de Doña Muerte,
que es su querida…
Blanca tortuga,
luna dormida,
casta Verónica
del sol que limpias
en el ocaso
su faz rojiza.
Ten esperanza,
muerta pulida,
que el Gran Lenín
de tu campiña
será la Osa
Mayor, la arisca
fiera del cielo
que irá tranquila
a dar su abrazo
de despedida
al viejo enorme
de los seis días.
Y entonces, luna
blanca, vendría
el puro reino
de la ceniza.
(Ya habréis notado
que soy nihilista.)

Elegía del silencio

Julio de 1920

Silencio, ¿dónde llevas
tu cristal empañado
de risas, de palabras
y sollozos del árbol?
¿Cómo limpias, silencio,
el rocío del canto
y las manchas sonoras
que los mares lejanos
dejan sobre la albura
serena de tu manto?
¿Quién cierra tus heridas
cuando sobre los campos
alguna vieja noria

clava su lento dardo
en tu cristal inmenso?
¿Dónde vas si al ocaso
te hieren las campanas
y quiebran tu remanso
las bandadas de coplas
y el gran rumor dorado
que cae sobre los montes
azules sollozando?
El aire del invierno
hace tu azul pedazos,
y troncha tus florestas
el lamentar callado
de alguna fuente fría.
Donde posas tus manos,
la espina de la risa
o el caluroso hachazo
de la pasión encuentras.
Si te vas a los astros,
el zumbido solemne
de los azules pájaros
quiebra el gran equilibrio
de tu escondido cráneo.
Huyendo del sonido
eres sonido mismo,
espectro de armonía,
humo de grito y canto.
Vienes para decirnos
en las noches oscuras
la palabra infinita
sin aliento y sin labios.
Taladrado de estrellas
y maduro de música,
¿dónde llevas, silencio,
tu dolor extrahumano,
dolor de estar cautivo
en la araña melódica,
ciego ya para siempre
tu manantial sagrado?
Hoy arrastran tus ondas
turbias de pensamiento
la ceniza sonora
y el dolor del antaño.
Los ecos de los gritos
que por siempre se fueron.
El estruendo remoto
del mar, momificado.
Si Jehová se ha dormido
sube al trono brillante,
quiébrale en su cabeza
un lucero apagado,
y acaba seriamente

con la música eterna,
la armonía sonora
de luz, y mientras tanto,
vuelve a tu manantial,
donde en la noche eterna,
antes que Dios y el tiempo,
manabas sosegado.
Balada de un día de Julio

Julio de 1919

Esquilones de plata
Llevan los bueyes.
—¿Dónde vas, niña mía,
De sol y nieve?
—Voy a las margaritas
Del prado verde.
—El prado está muy lejos
Y miedo tiene.
—Al airón y a la sombra
Mi amor no teme.
—Teme al sol, niña mía,
De sol y nieve.
—Se fue de mis cabellos
Ya para siempre.
—¿Quién eres, blanca niña?
¿De dónde vienes?
—Vengo de los amores
Y de las fuentes.
Esquilones de plata
Llevan los bueyes.
—¿Qué llevas en la boca
Que se te enciende?
—La estrella de mi amante
Que vive y muere.
—¿Qué llevas en el pecho
Tan fino y leve?
—La espada de mi amante
Que vive y muere.
—¿Qué llevas en los ojos
Negro y solemne?
—Mi pensamiento triste
Que siempre hiere.
—¿Por qué llevas un manto
Negro de muerte?
—¡Ay, yo soy la viudita
Triste y sin bienes
Del conde del Laurel
De los Laureles!
—¿A quién buscas aquí
Si a nadie quieres?

—Busco el cuerpo del conde
De los Laureles.
—¿Tú buscas el amor,
Viudita aleve?
Tú buscas un amor
Que ojalá encuentres.
—Estrellitas del cielo
Son mis quereres.
¿Dónde hallaré a mi amante
Que vive y muere?
—Está muerto en el agua,
Niña de nieve,
Cubierto de nostalgias
Y de claveles.
—¡Ay!, caballero errante
De los cipreses,
Una noche de luna
Mi alma te ofrece.
—Ah Isis soñadora,
Niña sin mieles
La que en bocas de niños
Su cuento vierte.
Mi corazón te ofrezco,
Corazón tenue,
Herido por los ojos
De las mujeres.
—Caballero galante,
Con Dios te quedes.
Voy a buscar al conde
De los Laureles…
Adiós, mi doncellita,
Rosa durmiente,
Tú vas para el amor
Y yo a la muerte.
Esquilones de plata
Llevan los bueyes.
Mi corazón desangra
Como una fuente.
«In memoriam»

Agosto de 1920

Dulce chopo,
Dulce chopo,
Te has puesto
De oro.
Ayer estabas verde,
Un verde loco
De pájaros
Gloriosos.
Hoy estás abatido

Bajo el cielo de Agosto
Como yo bajo el cielo
De mi espíritu rojo.
La fragancia cautiva
De tu tronco
Vendrá a mi corazón
Piadoso.
¡Rudo abuelo del prado!
Nosotros,
Nos hemos puesto
De oro.
Sueño

Mayo de 1919

Mi corazón reposa junto a la fuente fría.
(Llénala con tus hilos,
araña del olvido.)
El agua de la fuente su canción le decía.
(Llénala con tus hilos,
araña del olvido.)
Mi corazón despierto sus amores decía.
(Araña del silencio,
téjele tu misterio)
El agua de la fuente lo escuchaba sombría.
Araña del silencio,
téjele tu misterio.)
Mi corazón se vuelca sobre la fuente fría.
(Manos blancas, lejanas,
detened a las aguas.)
Y el agua se lo lleva cantando de alegría.
(¡Manos blancas, lejanas,
nada queda en las aguas!)
Paisaje

Junio de 1920

Las estrellas apagadas
llenan de ceniza el río
verdoso y frío.
La fuente no tiene trenzas.
Ya se han quemado los nidos
escondidos.
Las ranas hacen del cauce
una siringa encantada,
desafinada.
Sale del monte la luna,
con su cara bonachona
de jamona.
Una estrella le hace burla

desde su casa de añil
infantil.
El débil color rosado
hace cursi el horizonte
del monte.
Y observo que el laurel tiene
cansancio de ser poético
y profético.
Como la hemos visto siempre
el agua se va durmiendo,
sonriyendo.
Todo llora por costumbre,
todo el campo se lamenta
sin darse cuenta.
Yo, por no desafinar,
digo por educación:
"¡Mi corazón!"
Pero una grave tristeza
tiñe mis labios manchados
de pecados.
Yo voy lejos del paisaje.
Hay en mi pecho una hondura
de sepultura.
Un murciélago me avisa
que el sol se esconde doliente
en el poniente.
¡Pater noster por mi amor!
(Llanto de las alamedas
y arboledas.)
En el carbón de la tarde
miro mis ojos lejanos,
cual milanos.
Y despeino mi alma muerta
con arañas de miradas
olvidadas.
Ya es de noche y las estrellas
clavan puñales al río
verdoso y frío.
Noviembre

Noviembre de 1920

Todos los ojos
estaban abiertos
frente a la soledad
despintada por el llanto.
Tin
tan,
tin
tan.
Los verdes cipreses

guardaban su alma
arrugada por el viento,
y las palabras como guadañas
segaban almas de flores.
Tin
tan,
tin
tan.
El cielo estaba marchito.
¡Oh tarde cautiva por las nubes,
esfinge sin ojos!
Obeliscos y chimeneas
hacían pompas de jabón.
Tin
tan,
tin
tan.
Los ritmos se curvaban
y se curvaba el aire,
guerreros de niebla
hacían de los árboles
catapultas.
Tin
tan,
tin
tan.
¡Oh tarde,
tarde de mi otro beso!
Tema lejano de mi sombra,
¡sin rayo de oro!
Cascabel vacío.
Tarde desmoronada
sobre piras de silencio.
Tin
tan,
tin
tan.
Preguntas

Mayo de 1918

Un pleno de cigarras tiene el campo.
¿Qué dices, Marco Aurelio,
de estas viejas filósofas del llano?
¡Pobre es tu pensamiento!
Corre el agua del río mansamente.
¡Oh Sócrates! ¿Qué ves
en el agua que va a la amarga muerte?
¡Pobre y triste es tu fe!
Se deshojan las rosas en el lodo.
¡Oh dulce Juan de Dios!

¿Qué ves en estos pétalos gloriosos?
¡Chico es tu corazón!
La veleta yacente

Diciembre de 1920
MADRID

El duro corazón de la veleta
entre el libro del tiempo.
(Una hoja la tierra
y otra hoja el cielo.)
Aplastóse doliente sobre letras
de tejados viejos.
Lírica flor de torre
y luna de los vientos,
abandona el estambre de la cruz
y dispersa sus pétalos,
para caer sobre las losas frías
comida por la oruga
de los ecos.
Yaces bajo una acacia.
¡Memento!
No podías latir
porque eras de hierro...
Mas poseíste la forma:
¡conténtate con eso!
Y húndete bajo el verde
légamo,
en busca de tu gloria
de fuego,
aunque te llamen tristes
las torres desde lejos
y oigas en las veletas
chirriar tus compañeros.
Húndete bajo el paño
verdoso de tu lecho.
Que ni la blanca monja,
ni el perro,
ni la luna menguante,
ni el lucero,
ni el turbio sacristán
del convento,
recordarán tus gritos
del invierno.
Húndete lentamente,
que si no, luego,
te llevarán los hombres
de los trapos viejos.
Y ojalá pudiera darte
por compañero
este corazón mío

¡tan incierto!
Corazón nuevo

Junio de 1918
GRANADA

Mi corazón, como una sierpe,
se ha desprendido de su piel,
y aquí la miro entre mis dedos
llena de heridas y de miel.
Los pensamiento que anidaron
en tus arrugas, ¿dónde están?
¿Dónde las rosas que aromaron
a Jesucristo y a Satán?
¡Pobre envoltura que ha oprimido
a mi fantástico lucero!
Gris pergamino dolorido
de lo que quise y ya no quiero.
Yo veo en ti fetos de ciencias,
momias de versos y esqueletos
de mis antiguas inocencias
y mis románticos secretos.
¿Te colgaré sobre los muros
de mi museo sentimental,
junto a los gélidos y oscuros
lirios durmientes de mi mal?
¿O te pondré sobre los pinos,
libro doliente de mi amor,
para que sepas de los trinos
que da a la aurora el ruiseñor?
Se ha puesto el sol

Agosto de 1920

Se ha puesto el sol. Los árboles
meditan como estatuas.
Ya está el trigo segado.
¡Qué tristeza
de las norias paradas!
Un perro campesino
quiere comerse a Venus y le ladra.
Brilla sobre su campo de pre-beso,
como una gran manzana.
Los mosquitos, Pegasos del rocío,
vuelan, el aire en calma.
La Penélope inmensa de la luz
teje una noche clara.
"¡Hijas mías, dormid, que viene el lobo",
las ovejitas balan.
"¿Ha llegado el otoño, compañeras?"

dice una flor ajada.
¡Ya vendrán los pastores con sus nidos
por la sierra lejana!
Ya jugarán los niños en la puerta
de la vieja posada,
y habrá coplas de amor
que ya se saben
de memoria las casas.
Pajarita de papel

Julio de 1920

¡Oh pajarita de papel!
Águila de los niños.
Con las plumas de letras,
sin palomo
y sin nido.
Las manos aún mojadas de misterio
te crean en un frío
anochecer de otoño, cuando mueren
los pájaros y el ruido
de la lluvia nos hace amar la lámpara,
el corazón y el libro.
Naces para vivir unos minutos
en el frágil castillo
de naipes que se eleva tembloroso
como el tallo de un lirio.
y meditas allí ciega y sin alas
que pudiste haber sido
el atleta grotesco que sonríe
ahorcado por un hilo,
el barco silencioso sin remeros ni velamen,
el lírico
buque fantasma del miedoso insecto,
o el triste borriquito
que escarnecen, haciéndolo Pegaso,
los soplos de los niños.
Pero en medio de tu meditación
van gotas de humorismo.
Hecha con la corteza de la ciencia
te ríes del Destino,
y gritas: "Blanca Flor no muere nunca,
ni se muere Luisito.
La mañana es eterna, es eterna
la fuente del rocío"
Y aunque no crees en nada dices esto,
no se enteren los niños
de que hay sombra detrás de las estrellas
y sombra en tu castillo.
En medio de la mesa, al derrumbarse
tu azul mansión, has visto

que el milano te mira ansiosamente:
"Es un recién nacido.
una pompa de espuma sobre el agua
del sufrimiento vivo"
Y tú vas a sus labios luminosos
mientras ríen los niños,
y callan los papás, no se despierten
los dolores vecinos.
Así pájaro clown desapareces
para nacer en otro sitio.
Así pájaro esfinge das tu alma
de ave fénix al limbo.
Madrigal

Octubre de 1920
MADRID

Mi beso era una granada,
profunda y abierta;
tu boca era rosa
de papel.
El fondo un campo de nieve.
Mis manos eran hierros
para los yunques;
tu cuerpo era el ocaso
de una campanada.
El fondo un campo de nieve.
En la agujereada
calavera azul
hicieron estalactitas
mis te quiero.
El fondo un campo de nieve.
Llenáronse de moho
mis sueños infantiles,
y taladró a la luna
mi dolor salomónico.
El fondo un campo de nieve.
Ahora maestro grave
a la alta escuela,
y mi amor y a mis sueños
(caballito sin ojos).
Y el fondo es un campo de nieve.
Una campana

Octubre de 1920

Una campana serena
crucificada en su ritmo
define a la mañana
con peluca de niebla

y arroyos de lágrimas.
Mi viejo chopo
turbio de ruiseñores
esperaba
poner entre las hierbas
sus ramas
mucho antes que el otoño
lo dorara.
Pero los puntales
de mis miradas
lo sostenían.
¡Viejo chopo, aguarda!
¿No sientes la madera
de mi amor desgarrada?
Tiéndete en la pradera
cuando cruja mi alma,
que un vendaval de besos
y palabras
ha dejado rendida,
lacerada.
Consulta

Agosto de 1920

¡Pasionaria azul!
Yunque de mariposas.
¿Vives bien en el limo
de las horas?
(¡Oh poeta infantil,
quiebra tu reloj!)
Clara estrella azul,
ombligo de la aurora.
¿Vives bien en la espuma
de la sombra?
(¡Oh poeta infantil,
quiebra tu reloj!)
Corazón azulado,
lámpara de mi alcoba.
¿Lates bien sin mi sangre
filarmónica?
(¡Oh poeta infantil,
quiebra tu reloj!)
Os comprendo y me dejo
arrumbado en la cómoda
al insecto del tiempo.
Sus metálicas gotas
no se oirán en la calma
de mi alcoba.
Me dormiré tranquilo
como dormís vosotras,
pasionarias y estrellas,

que al fin la mariposa
volará en la corriente
de las horas
mientras nace en mi tronco
la rosa.

Tarde

Noviembre de 1919

Tarde lluviosa en gris cansado,
Y sigue el caminar.
Los árboles marchitos.
Mi cuarto, solitario.
Y los retratos viejos
Y el libro sin cortar...
Chorrea la tristeza por los muebles
Y por mi alma.
Quizá,
No tenga para mí Naturaleza
El pecho de cristal.
Y me duele la carne del corazón
Y la carne del alma.
Y al hablar,
Se quedan mis palabras en el aire
Como corchos sobre agua.
Sólo por tus ojos
Sufro yo este mal,
Tristezas de antaño
Y las que vendrán.
Tarde lluviosa en gris cansado,
Y sigue el caminar.

Hay almas que tienen...

8 de Febrero de 1920

Hay almas que tienen
azules luceros,
mañanas marchitas
entre hojas del tiempo,
y castos rincones
que guardan un viejo
rumor de nostalgias
y sueños.
Otras almas tienen
dolientes espectros
de pasiones. Frutas
con gusanos. Ecos
de una voz quemada
que viene de lejos
como una corriente

de sombra. Recuerdos
vacíos de llanto
y migajas de besos.
Mi alma está madura
hace mucho tiempo,
y se desmorona
turbia de misterio.
Piedras juveniles
roídas de ensueño
caen sobre las aguas
de mis pensamientos.
Cada piedra dice:
"¡Dios está muy lejos!"
Prólogo

24 de julio de 1920
VEGA DE ZUJAIRA

Mi corazón está aquí,
Dios mío.
Hunde tu cetro en él, Señor.
Es un membrillo
Demasiado otoñal
Y está podrido.
Arranca los esqueletos
De los gavilanes líricos
Que tanto, tanto lo hirieron,
Y si acaso tienes pico
Móndale su corteza
De Hastío.
Mas si no quieres hacerlo,
Me da lo mismo,
Guárdate tu cielo azul,
Que es tan aburrido,
El rigodón de los astros
Y tu Infinito,
Que yo pediré prestado
El corazón a un amigo.
Un corazón con arroyos
Y pinos,
Y un ruiseñor de hierro
Que resista
El martillo
De los siglos.
Además, Satanás me quiere mucho,
Fue compañero mío
En un examen de
Lujuria, y el pícaro,
Buscará a Margarita
—Me lo tiene ofrecido—,
Margarita morena,
Sobre un fondo de viejos olivos,

Con dos trenzas de noche
De Estío,
Para que yo desgarre
Sus muslos limpios.
Y entonces, ¡oh Señor!,
Seré tan rico
O más que tú,
Porque el vacío
No puede compararse
Al vino
Con que Satán obsequia
A sus buenos amigos.
Licor hecho con llanto.
¡Qué más da!
Es lo mismo
Que tu licor compuesto
De trinos.
Dime, Señor,
¡Dios mío!
¿Nos hundes en la sombra
Del abismo?
¿Somos pájaros ciegos
Sin nidos?
La luz se va apagando.
¿Y el aceite divino?
Las olas agonizan.
¿Has querido
Jugar como si fuéramos
Soldaditos?
Dime, Señor,
¡Dios mío!
¿No llega el dolor nuestro
A tus oídos?
¿No han hecho las blasfemias
Babeles sin ladrillos
Para herirte, o te gustan
Los gritos?
¿Estás sordo? ¿Estás ciego?
¿O eres bizco
De espíritu
Y ves el alma humana
Con tonos invertidos?
¡Oh Señor soñoliento!
¡Mira mi corazón
Frío
Como un membrillo
Demasiado otoñal
Que está podrido!
Si tu luz va a llegar,
Abre los ojos vivos;
Pero si continúas
Dormido,

Ven, Satanás errante,
Sangriento peregrino,
Ponme la Margarita
Morena en los olivos
Con las trenzas de noche
De Estío,
Que yo sabré encenderle
Sus ojos pensativos
Con mis besos manchados
De lirios.
Y oiré una tarde ciega
Mi ¡Enrique! ¡Enrique!
Lírico,
Mientras todos mis sueños
Se llenan de rocío.
Aquí, Señor, te dejo
Mi corazón antiguo,
Voy a pedir prestado
Otro nuevo a un amigo.
Corazón con arroyos
Y pinos.
Corazón sin culebras
Ni lirios.
Robusto, con la gracia
De un joven campesino,
Que atraviesa de un salto
El río.
Balada interior

16 de julio de 1920
VEGA DE ZUJAIRA

A Gabriel

El corazón
Que tenía en la escuela
Donde estuvo pintada
La cartilla primera,
¿Está en ti,
Noche negra?
(Frío, frío,
Como el agua
Del río.)
El primer beso
Que supo a beso y fue
Para mis labios niños
Como la lluvia fresca,
¿Está en ti,
Noche negra?
(Frío, frío,
Como el agua

Del río.)
Mi primer verso,
La niña de las trenzas
Que miraba de frente,
¿Está en ti,
Noche negra?
(Frío, frío,
Como el agua
Del río.)
Pero mi corazón
Roído de culebras,
El que estuvo colgado
Del árbol de la ciencia,
¿Está en ti,
Noche negra?
(Caliente, caliente,
Como el agua
De la fuente.)
Mi amor errante,
Castillo sin firmeza,
De sombras enmohecidas,
¿Está en ti,
Noche negra?
(Caliente, caliente,
Como el agua
De la fuente.)
¡Oh, gran dolor!
Admites en tu cueva
Nada más que la sombra.
¿Es cierto,
Noche negra?
(Caliente, caliente,
Como el agua
De la fuente.)
¡Oh, corazón perdido!
¡Réquiem aeternam!

El lagarto viejo

26 de Julio de 1920
VEGA DE ZUJAIRA

En la agostada senda
he visto al buen lagarto
(gota de cocodrilo)
meditando.
Con su verde levita
de abate del diablo,
su talante correcto
y su cuello planchado,
tiene un aire muy triste

de viejo catedrático.
¡Esos ojos marchitos
de artista fracasado,
cómo miran la tarde
desmayada!
¿Es éste su paseo
crepuscular, amigo?
Usad bastón, ya estáis
muy viejo. Don Lagarto,
y los niños del pueblo
pueden daros un susto.
¿Qué buscáis en la senda,
filósofo cegato,
si el fantasma indeciso
de la tarde agosteña
ha roto el horizonte?
¿Buscáis el azul limosna
del cielo moribundo?
¿Un céntimo de estrella?
¿O acaso
estudiasteis un libro
de Lamartine, y os gustan
los trinos platerescos
de los pájaros?
(Miras al sol poniente,
y tus ojos relucen,
¡oh dragón de las ranas!
con un fulgor humano.
Las góndolas sin remos
de las ideas, cruzan
el agua tenebrosa
de tus iris quemados.)
¿Venís quizá en la busca
de la bella lagarta,
verde como los trigos
de mayo,
como las cabelleras
de las fuentes dormidas,
que os despreciaba, y luego
se fue de vuestro campo?
¡Oh dulce idilio roto
sobre la fresca juncia!
¡Pero vivir!, ¡qué diantre!
me habéis sido simpático.
El lema de "me opongo
a la serpiente" triunfa
en esa gran papada
de arzobispo cristiano.
Ya se ha disuelto el sol
en la copa del monte,
y enturbian el camino
los rebaños.

Es hora de marcharse,
dejad la angosta senda
y no continuéis
meditando.
Que lugar tendréis luego
de mirar las estrellas
cuando os coman sin prisa
los gusanos.
¡Volved a vuestra casa
bajo el pueblo de grillos!
¡Buenas noches, amigo
Don Lagarto!
Ya está el campo sin gente,
los montes apagados
y el camino desierto;
sólo de cuando en cuando
canta un cuco en la umbría
de los álamos.
Patio húmedo

1920

Las arañas
iban por los laureles.
La casualidad
se va tornando en nieve,
y los años dormidos
ya se atreven
a clavar los telares
del siempre.
La quietud hecha esfinge
se ríe de la Muerte
que canta melancólica
en un grupo
de lejanos cipreses.
La yedra de las gotas
tapiza las paredes
empapadas de arcaicos
misereres.
¡Oh torre vieja! Llora
tus lágrimas mudéjares
sobre este grave patio
que no tiene fuente.
Las arañas
iban por los laureles.
Balada de la placeta

1919

Cantan los niños

En la noche quieta:
¡Arroyo claro,
Fuente serena!
Los niños

¿Qué tiene tu divino
Corazón en fiesta?
Yo

Un doblar de campanas
Perdidas en la niebla.
Los niños

Ya nos dejas cantando
En la plazuela.
¡Arroyo claro,
Fuente serena!
¿Qué tienes en tus manos
De primavera?
Yo

Una rosa de sangre
Y una azucena.
Los niños

Mójalas en el agua
De la canción añeja.
¡Arroyo claro,
Fuente serena!
¿Qué sientes en tu boca
Roja y sedienta?
Yo

El sabor de los huesos
De mi gran calavera.
Los niños

Bebe el agua tranquila
De la canción añeja.
¡Arroyo claro,
Fuente serena!
¿Por qué te vas tan lejos
De la plazuela?
Yo

¡Voy en busca de magos
Y de princesas!
Los niños

¿Quién te enseñó el camino
De los poetas?
Yo

La fuente y el arroyo
De la canción añeja.
Los niños

¿Te vas lejos, muy lejos
Del mar y de la tierra?
Yo

Se ha llenado de luces
Mi corazón de seda,
De campanas perdidas,
De lirios y de abejas.
Y yo me iré muy lejos,
Más allá de esas sierras,
Más allá de los mares,
Cerca de las estrellas,
Para pedirle a Cristo
Señor que me devuelva
Mi alma antigua de niño,
Madura de leyendas,
Con el gorro de plumas
Y el sable de madera.
Los niños

Ya nos dejas cantando
En la plazuela.
¡Arroyo claro,
Fuente serena!
Las pupilas enormes
De las frondas resecas,
Heridas por el viento,
Lloran las hojas muertas.
Encrucijada

Julio de 1920

¡Oh, qué dolor el tener
versos en la lejanía
de la pasión, y el cerebro
todo manchado de tinta!
¡Oh, qué dolor no tener
la fantástica camisa
del hombre feliz: la piel,
—alfombra de sol—, curtida!
(Alrededor de mis ojos
bandadas de letras giran.)
¡Oh, qué dolor el dolor
antiguo de la poesía,
este dolor pegajoso
tan lejos del agua limpia!

¡Oh dolor de lamentarse
por sorber la vena lírica!
¡Oh dolor de fuente
ciega y molino sin harina!
¡Oh, qué dolor no tener
dolor y pasar la vida
sobre la hierba incolora
de la vereda indecisa!
¡Oh el más profundo dolor,
el dolor de la alegría,
reja que nos abre surcos
donde el llanto fructifica!
(Por un monte de papel
asoma la luna fría.)
¡Oh dolor de la verdad!
¡Oh dolor de la mentira!
Hora de estrellas

1920

El silencio redondo de la noche
Sobre el pentágrama
Del infinito.
Yo me salgo desnudo a la calle,
Maduro de versos
Perdidos.
Lo negro, acribillado
Por el canto del grillo,
Tiene ese fuego fatuo,
Muerto,
Del sonido.
Esa luz musical
Que percibe
El espíritu.
Los esqueletos de mil mariposas
Duermen en mi recinto.
Hay una juventud de brisas locas
Sobre el río.
El concierto interrumpido

1920

A Adolfo Salazar

Ha roto la armonía
de la noche profunda
el calderón helado y soñoliento
de la media luna.
Las acequias protestan sordamente

arropadas con juncias,
y las ranas, muecines de la sombra,
se han quedado mudas.
En la vieja taberna del poblado
cesó la triste música,
y ha puesto la sordina a su aristón
la estrella más antigua.
El viento se ha sentado en los torcales
de la montaña oscura,
y un chopo solitario —el Pitágoras
de la casta llanura—
quiere dar con su mano centenaria
un cachete a la luna.
Canción oriental

1920

Es la granada olorosa
un cielo cristalizado.
(Cada grano es una estrella,
cada velo es un ocaso.)
Cielo seco y comprimido
por la garra de los años.
La granada es como un seno
viejo y apergaminado,
cuyo pezón se hizo estrella
para iluminar el campo.
Es colmena diminuta
con panal ensangrentado,
pues con bocas de mujeres
sus abejas la formaron.
Por eso al estallar, ríe
con púrpuras de mil labios...
La granada es corazón
que late sobre el sembrado,
un corazón desdeñoso
donde no pican los pájaros,
un corazón que por fuera
es duro como el humano,
pero da al que lo traspasa
olor y sangre de mayo.
La granada es el tesoro
del viejo gnomo del prado,
el que habló con niña Rosa
en el bosque solitario.
Aquel de la blanca barba
y del traje colorado.
Es el tesoro que aun guardan
las verdes hojas del árbol.
Arca de piedras preciosas
en entraña de oro vago.

La espiga es el pan. Es Cristo
en vida y muerte cuajado.
El olivo es la firmeza
de la fuerza y el trabajo.
La manzana es lo carnal,
fruta esfinge del pecado,
gota de siglos que guarda
de Satanás el contacto.
La naranja es la tristeza
del azahar profanado,
pues se torna fuego y oro
lo que antes fue puro y blanco.
Las vides son la lujuria
que se cuaja en el verano,
de las que la iglesia saca,
con bendición, licor santo.
Las castañas son la paz
del hogar. Cosas de antaño.
Crepitar de leños viejos,
peregrinos descarriados.
La bellota es la serena
poesía de lo rancio,
y el membrillo de oro débil
la limpieza de lo sano.
Mas la granada es la sangre,
sangre del cielo sagrado,
sangre de la tierra herida
por la aguja del regato.
Sangre del viento que viene
del rudo monte arañado.
Sangre de la mar tranquila,
sangre del dormido lago.
La granada es la prehistoria
de la sangre que llevamos,
la idea de sangre, encerrada
en glóbulo duro y agrio,
que tiene una vaga forma
de corazón y de cráneo.
¡Oh granada abierta!, que eres
una llama sobre el árbol,
hermana en carne de Venus,
risa del huerto oreado.
Te cercan las mariposas
creyéndote sol parado,
y por miedo de quemarse
huyen de ti los gusanos.
Porque eres luz de la vida,
hembra de las frutas. Claro
lucero de la floresta
del arroyo enamorado.
¡Quién fuera como tú, fruta,
todo pasión sobre el campo!

Chopo muerto

1920

¡Chopo viejo!
Has caído
en el espejo
del remanso dormido,
abatiendo tu frente
ante el Poniente.
No fue el vendaval ronco
el que rompió tu tronco,
ni fue el hachazo grave
del leñador, que sabe
has de volver
a nacer.
Fue tu espíritu fuerte
el que llamó a la muerte,
al hallarse sin nidos, olvidado
de los chopos infantes del prado.
Fue que estabas sediento
de pensamiento,
y tu enorme cabeza centenaria,
solitaria,
escuchaba los lejanos
cantos de tus hermanos.
En tu cuerpo guardabas
las lavas
de tu pasión,
y en tu corazón,
el semen sin futuro de Pegaso.
La terrible simiente
de un amor inocente
por el sol de ocaso.
¡Qué amargura tan honda
para el paisaje,
el héroe de la fronda
sin ramaje!
Ya no serás la cuna
de la luna,
ni la mágica risa
de la brisa,
ni el bastón de un lucero
caballero.
No tornará la primavera
de tu vida,
ni verás la sementera
florecida.
Serás nidal de ranas
y de hormigas.
Tendrás por verdes canas

las ortigas,
y un día la corriente
llevará tu corteza
con tristeza.
¡Chopo viejo!
Has caído
en el espejo
del remanso dormido.
Yo te vi descender
en el atardecer
y escribo tu elegía,
que es la mía.
Campo

1920

El cielo es de ceniza.
Los árboles son blancos,
y son negros carbones
los rastrojos quemados.
Tiene sangre reseca
la herida del Ocaso,
y el papel incoloro
del monte está arrugado.
El polvo del camino
se esconde en los barrancos,
están las fuentes turbias
y quietos los remansos.
Suena en un gris rojizo
la esquila del rebaño,
y la noria materna
acabó su rosario.
El cielo es de ceniza,
los árboles son blancos.
La balada del agua del mar

1920

A Emilio Prados

(Cazador de nubes)

El mar,
Sonríe a lo lejos.
Dientes de espuma,
Labios de cielo.
—¿Qué vendes, oh joven turbia,
Con los senos al aire?
—Vendo, señor, el agua
De los mares.

—¿Qué llevas, oh negro joven,
Mezclado con tu sangre?
—Llevo, señor, el agua
De los mares.
—¿Esas lágrimas salobres
De dónde vienen, madre?
—Lloro, señor, el agua
De los mares.
—Corazón, y esta amargura
Seria, ¿de dónde nace?
—¡Amarga mucho el agua
De los mares!
El mar,
Sonríe a lo lejos.
Dientes de espuma,
Labios de cielo.

Árboles

1919

¡Árboles!
¿Habéis sido flechas
caídas del azul?
¿Qué terribles guerreros os lanzaron?
¿Han sido las estrellas?
Vuestras músicas vienen del alma de los pájaros,
de los ojos de Dios,
de la pasión perfecta.
¡Árboles!
¿Conocerán vuestras raíces toscas
mi corazón en tierra?
La luna y la muerte

1919

La luna tiene dientes de marfil.
¡Qué vieja y triste asoma!
Están los cauces secos,
los campos sin verdores
y los árboles mustios
sin nidos y sin hojas.
Doña Muerte, arrugada,
pasea por sauzales
con su absurdo cortejo
de ilusiones remotas.
Va vendiendo colores
de cera y de tormenta
como un hada de cuento
mala y enredadora.

La luna le ha comprado
pinturas a la Muerte.
En esta noche turbia
¡está la luna loca!
Yo mientras tanto pongo
en mi pecho sombrío
una feria sin músicas
con las tiendas de sombra.
Madrigal

1919

Yo te miré a los ojos
cuando era niño y bueno.
Tus manos me rozaron
y me diste un beso.
(Los relojes llevan la misma cadencia,
y las noches tienen las mismas estrellas.)
Y se abrió mi corazón
como una flor bajo el cielo,
los pétalos de lujuria
y los estambres de sueño.
(Los relojes llevan la misma cadencia,
y las noches tienen las mismas estrellas.)
En mi cuarto sollozaba
como el príncipe del cuento
por Estrellita de oro
que se fue de los torneos.
(Los relojes llevan la misma cadencia,
y las noches tienen las mismas estrellas.)
Yo me alejé de tu lado
queriéndote sin saberlo.
No sé cómo son tus ojos,
tus manos ni tus cabellos.
Sólo me queda en la frente
la mariposa del beso.
(Los relojes llevan la misma cadencia,
y las noches tienen las mismas estrellas.)
Deseo

1920

Sólo tu corazón caliente,
Y nada más.
Mi paraíso un campo
Sin ruiseñor
Ni liras,
Con un río discreto
Y una fuentecilla.
Sin la espuela del viento

Sobre la fronda,
Ni la estrella que quiere
Ser hoja.
Una enorme luz
Que fuera
Luciérnaga
De otra,
En un campo de
Miradas rotas.
Un reposo claro
Y allí nuestros besos,
Lunares sonoros
Del eco,
Se abrirían muy lejos
Y tu corazón caliente,
Nada más.
Los álamos de plata

Mayo de 1919

Los álamos de plata
se inclinan sobre el agua,
ellos todo lo saben, pero nunca hablarán.
El lirio de la fuente
no grita su tristeza.
¡Todo es más digno que la Humanidad!
La ciencia del silencio frente al cielo estrellado,
la posee la flor y el insecto no más.
La ciencia de los cantos por los cantos la tienen
los bosques rumorosos
y las aguas del mar.
El silencio profundo de la vida en la tierra,
nos lo enseña la rosa
abierta en el rosal.
¡Hay que dar el perfume
que encierran nuestras almas!
Hay que ser todo cantos,
todo luz y bondad.
¡Hay que abrirse del todo
frente a la noche negra,
para que nos llenemos de rocío inmortal!
¡Hay que acostar al cuerpo
dentro del alma inquieta!
Hay que cegar los ojos con luz de más allá,
a la sombra del pecho,
y arrancar las estrellas que nos puso Satán.
¡Hay que ser como el árbol
que siempre está rezando,
como el agua del cauce
fija en la eternidad!
¡Hay que arañarse el alma con garras de tristeza

para que entren las llamas
del horizonte astral!
Brotaría en la sombra del amor carcomido
una fuente de aurora
tranquila y maternal.
Desaparecerían ciudades en el viento.
Y a Dios en una nube
veríamos pasar.

Espigas

Junio de 1919

El trigal se ha entregado a la muerte.
Ya las hoces cortan las espigas.
Cabecean los chopos hablando
con el alma sutil de la brisa.
El trigal sólo quiere silencio.
Se cuajó con el sol, y suspira
por el amplio elemento en que moran
los ensueños despiertos.
El día.
ya maduro de luz y sonido,
por los montes azules declina.
¿Qué misterioso pensamiento
conmueve a las espigas?
¿Qué ritmo de tristeza soñadora
los trigales agita…?
¡Parecen las espigas viejos pájaros
que no pueden volar!
Son cabecitas,
que tienen el cerebro de oro puro
y expresiones tranquilas.
Todas piensan lo mismo,
todas llevan
un secreto profundo que meditan.
Arrancan a la tierra su oro vivo
y cual dulces abejas del sol, liban
el rayo abrasador con que se visten
para formar el alma de la harina.
¡Oh, qué alegre tristeza me causáis,
dulcísimas espigas!
Venís de las edades más profundas,
cantasteis en la Biblia,
y tocáis cuando os rozan los silencios
un concierto de liras.
Brotáis para alimento de los hombres.
¡Pero mirad las blancas margaritas
y los lirios que nacen porque sí!
¡Momias de oro sobre las campiñas!
La flor silvestre nace para el sueño
y vosotras nacéis para la vida.

Meditación bajo la lluvia

(Fragmento)

3 de enero de 1919

A José Mora

Ha besado la lluvia al jardín provinciano
Dejando emocionantes cadencias en las hojas.
El aroma sereno de la tierra mojada,
Inunda al corazón de tristeza remota.
Se rasgan nubes grises en el mudo horizonte.
Sobre el agua dormida de la fuente, las gotas
Se clavan, levantando claras perlas de espuma.
Fuegos fatuos, que apaga el temblor de las ondas.
La pena de la tarde estremece a mi pena.
Se ha llenado el jardín de ternura monótona.
¿Todo mi sufrimiento se ha de perder, Dios mío,
Como se pierde el dulce sonido de las frondas?
¿Todo el eco de estrellas que guardo sobre el alma
Será luz que me ayude a luchar con mi forma?
¿Y el alma verdadera se despierta en la muerte?
¿Y esto que ahora pensamos se lo traga la sombra?
¡Oh, qué tranquilidad del jardín con la lluvia!
Todo el paisaje casto mi corazón transforma,
En un ruido de ideas humildes y apenadas
Que pone en mis entrañas un batir de palomas.
Sale el sol.
El jardín desangra en amarillo.
Late sobre el ambiente una pena que ahoga.
Yo siento la nostalgia de mi infancia intranquila,
Mi ilusión de ser grande en el amor, las horas
Pasadas como ésta contemplando la lluvia
Con tristeza nativa.
Caperucita roja
Iba por el sendero…
Se fueron mis historias, hoy medito, confuso,
Ante la fuente turbia que del amor me brota.
¿Todo mi sufrimiento se ha de perder, Dios mío,
Como se pierde el dulce sonido de las frondas?
Vuelve a llover.
El viento va trayendo a las sombras.

Manantial

(Fragmento)

1919

La sombra se ha dormido en la pradera.
Los manantiales cantan.
Frente al ancho crepúsculo de invierno
mi corazón soñaba.
¿Quién pudiera entender los manantiales,
el secreto del agua
recién nacida, ese cantar oculto
a todas las miradas
del espíritu, dulce melodía
más allá de las almas…?
Luchando bajo el peso de la sombra,
un manantial cantaba.
Yo me acerqué para escuchar su canto,
pero mi corazón no entiende nada.
Era un brotar de estrellas invisibles
sobre la hierba casta,
nacimiento del Verbo de la tierra
por un sexo sin mancha.
Mi chopo centenario de la vega
sus hojas meneaba,
y eran hojas trémulas de ocaso
como estrellas de plata.
El resumen de un cielo de verano
era el gran chopo.
Mansas
y turbias de penumbra yo sentía
las canciones del agua.
¿Qué alfabeto de auroras ha compuesto
sus oscuras palabras?
¿Qué labios las pronuncian? ¿Y qué dicen
a la estrella lejana?
¡Mi corazón es malo, Señor! Siento en mi carne
la implacable brasa
del pecado. Mis mares interiores
se quedaron sin playas.
Tu faro se apagó. ¡Ya los alumbra
mi corazón de llamas!
Pero el negro secreto de la noche
y el secreto del agua
¿son misterios tan sólo para el ojo
de la conciencia humana?
¿La niebla del misterio no estremece
el árbol, el insecto y la montaña?
¿El terror de las sombras no lo sienten
las piedras y las plantas?
¿Es sonido tan sólo esta voz mía?
¿Y el casto manantial no dice nada?
Mas yo siento en el agua
algo que me estremece…, como un aire
que agita los ramajes de mi alma.
¡Sé árbol!
(Dijo una voz en la distancia.)

Y hubo un torrente de luceros
sobre el cielo sin mancha.
Yo me incrusté en el chopo centenario
con tristeza y con ansia.
Cual Dafne varonil que huye miedosa
de un Apolo de sombra y de nostalgia.
Mi espíritu fundiose con las hojas
y fue mi sangre savia.
En untuosa resina convirtiose
la fuente de mis lágrimas
El corazón se fue con las raíces,
y mi pasión humana,
haciendo heridas en la ruda carne,
fugaz me abandonaba.
Frente al ancho crepúsculo de invierno
yo torcía las ramas
gozando de los ritmos ignorados
entre la brisa helada.
Sentí sobre mis brazos dulces nidos,
acariciar de alas,
y sentí mil abejas campesinas
que en mis dedos zumbaban.
¡Tenía una colmena de oro vivo
en las viejas entrañas!
El paisaje y la tierra se perdieron,
sólo el cielo quedaba,
y escuché el débil ruido de los astros
y el respirar de las montañas.
¿No podrán comprender mis dulces hojas
el secreto del agua?
¿Llegarán mis raíces a los reinos
donde nace y se cuaja?
Incliné mis ramajes hacia el cielo
que las ondas copiaban,
mojé las hojas en el cristalino
diamante azul que canta,
y sentí borbotar los manantiales
como de humano yo los escuchara
Era el mismo fluir lleno de música
y de ciencia ignorada.
Al levantar mis brazos gigantescos
frente al azul, estaba
lleno de niebla espesa, de rocío
y de luz marchitada.
Tuve la gran tristeza vegetal,
el amor a las alas.
Para poder lanzarse con los vientos
a las estrellas blancas.
Pero mi corazón en las raíces
triste me murmuraba:
"Si no comprendes a los manantiales,
¡muere y troncha tus ramas"!

¡Señor, arráncame del suelo! ¡Dame oídos
que entiendan a las aguas!
Dame una voz que por amor arranque
su secreto a las ondas encantadas,
para encender su faro sólo pido
aceite de palabras.
"Sé ruiseñor!", dice una voz perdida
en la muerta distancia,
y un torrente de cálidos luceros
brotó del seno que la noche guarda.
Mar

Abril de 1919

El mar es
el Lucifer del azul.
El cielo caído
por querer ser la luz.
¡Pobre mar condenado
a eterno movimiento,
habiendo antes estado
quieto en el firmamento!
Pero de tu amargura
te redimió el amor.
Pariste a Venus pura,
y quedose tu hondura
virgen y sin dolor.
Tus tristezas son bellas,
mar de espasmos gloriosos.
Mas hoy en vez de estrellas
tienes pulpos verdosos.
Aguanta tu sufrir,
formidable Satán.
Cristo anduvo por ti,
mas también lo hizo Pan.
La estrella Venus es
la armonía del mundo.
¡Calle el Eclesiastés!
Venus es lo profundo
del alma…
… Y el hombre miserable
es un ángel caído.
La tierra es el probable
Paraíso Perdido.
Sueño

Mayo de 1919

Iba yo montado sobre
Un macho cabrío.

El abuelo me habló
Y me dijo:
Ése es tu camino.
¡Es ése!, gritó mi sombra,
Disfrazada de mendigo.
¡Es aquel de oro, dijeron
Mis vestidos!
Un gran cisne me guiñó,
Diciendo: ¡Vente conmigo!
Y una serpiente mordía
Mi sayal de peregrino.
Mirando al cielo, pensaba:
Yo no tengo camino.
Las rosas del fin serán
Como las del principio.
En niebla se convierte
La carne y el rocío.
Mi caballo fantástico me lleva
Por un campo rojizo.
¡Déjame!, clamó, llorando,
Mi corazón pensativo.
Yo lo abandoné en la tierra,
Lleno de tristeza.
Vino
La noche, llena de arrugas
Y de sombras.
Alumbran el camino,
Los ojos luminosos y azulados
De mi macho cabrío.
Otro sueño

1919

¡Una golondrina vuela
hacia muy lejos!...
Hay floraciones de rocío
sobre mi sueño,
y mi corazón da vueltas
lleno de tedio,
como un tiovivo en que la Muerte
pasea a sus hijuelos.
¡Quisiera en estos árboles
atar al tiempo
con un cable de noche negra,
y pintar luego
con mi sangre las riberas
pálidas de mis recuerdos!
¿Cuántos hijos tiene la Muerte?
¡Todos están en mi pecho!
¡Una golondrina viene
de muy lejos!

Encina

1919

Bajo tu casta sombra, encina vieja,
quiero sondar la fuente de mi vida
y sacar de los fangos de mi sombra
las esmeraldas líricas.
Echo mis redes sobre el agua turbia
y las saco vacías.
¡Más abajo del cieno tenebroso
están mis pedrerías!
¡Hunde en mi pecho tus ramajes santos!
¡oh solitaria encina,
y deja en mi sub-alma
tus secretos y tu pasión tranquila!
Esta tristeza juvenil se pasa,
¡ya lo sé! La alegría
otra vez dejará sus guirnaldas
sobre mi frente herida,
aunque nunca mis redes pescarán
la oculta pedrería
de tristeza inconsciente que reluce
al fondo de mi vida.
Pero mi gran dolor trascendental
es tu dolor, encina.
Es el mismo dolor de las estrellas
y de la flor marchita.
Mis lágrimas resbalan a la tierra
y, como tus resinas,
corren sobre las aguas del gran cauce
que va a la noche fría.
Y nosotros también resbalaremos,
yo con mis pedrerías,
y tú plenas las ramas de invisibles
bellotas metafísicas.
No me abandones nunca en mis pesares,
esquelética amiga.
Cántame con tu boca vieja y casta
una canción antigua,
con palabras de tierra entrelazadas
en la azul melodía.
Vuelvo otra vez a echar las redes sobre
la fuente de mi vida,
redes hechas con hilos de esperanza,
nudos de poesía,
y saco piedras falsas entre un cieno
de pasiones dormidas.
Con el sol del otoño toda el agua
de mi fontana vibra,
y noto que sacando sus raíces

huye de mí la encina.
Invocación al laurel

1919

A Pepe Cienfuegos

Por el horizonte confuso y doliente
venía la noche preñada de estrellas.
Yo, como el barbudo mago de los cuentos,
sabía el lenguaje de flores y piedras.
Aprendí secretos de melancolía,
dichos por cipreses, ortigas y yedras;
supe del ensueño por boca del nardo,
canté con los lirios canciones serenas.
En el bosque antiguo, lleno de negrura,
todos me mostraban sus almas cual eran:
el pinar, borracho de aroma y sonido;
los olivos viejos, cargados de ciencia;
los álamos muertos, nidales de hormigas;
el musgo, nevado de blancas violetas.
Todo hablaba dulce a mi corazón
temblando en los hilos de sonora seda
con que el agua envuelve las cosas paradas
como telaraña de armonía eterna.
Las rosas estaban soñando en la lira,
tejen las encinas oros de leyendas,
y entre la tristeza viril de los robles
dicen los enebros temores de aldea.
Yo comprendo toda la pasión del bosque:
ritmo de la hoja, ritmo de la estrella.
Mas decidme, ¡oh cedros!, si mi corazón
dormirá en los brazos de la luz perfecta.
Conozco la lira que presientes, rosa:
formé su cordaje con mi vida muerta.
¡Dime en qué remanso podré abandonarla
como se abandonan las pasiones viejas!
¡Conozco el misterio que cantas, ciprés;
soy hermano tuyo en noche y en pena;
tenemos la entraña cuajada de nidos,
tú de ruiseñores y yo de tristezas!
¡Conozco tu encanto sin fin, padre olivo,
al darnos la sangre que extraes de la Tierra,
como tú, yo extraigo con mi sentimiento
el óleo bendito
que tiene la idea!
Todos me abrumáis con vuestras canciones;
yo sólo os pregunto por la mía incierta;
ninguno queréis sofocar las ansias
de este fuego casto
que el pecho me quema.

¡Oh laurel divino, de alma inaccesible,
siempre silencioso,
lleno de nobleza!
¡Vierte en mis oídos tu historia divina,
tu sabiduría profunda y sincera!
¡Árbol que produces frutos de silencio,
maestro de besos y mago de orquestas,
formado del cuerpo rosado de Dafne
con savia potente de Apolo en tus venas!
¡Oh gran sacerdote del saber antiguo!
¡Oh mudo solemne cerrado a las quejas!
Todos tus hermanos del bosque me hablan;
¡sólo tú, severo, mi canción desprecias!
Acaso, ¡oh maestro del ritmo!, medites
lo inútil del triste llorar del poeta.
Acaso tus hojas, manchadas de luna,
pierdan la ilusión de la primavera.
La dulzura tenue del anochecer,
cual negro rocío, tapizó la senda,
teniendo de inmenso dosel a la noche,
que venía grave, preñada de estrellas.
Ritmo de otoño

1920

A Manuel Ángeles

Amargura dorada en el paisaje.
El corazón escucha.
En la tristeza húmeda el viento dijo:
—Yo soy todo de estrellas derretidas,
sangre del infinito.
Con mi roce descubro los colores
de los fondos dormidos.
Voy herido de místicas miradas,
yo llevo los suspiros
en burbujas de sangre invisibles
hacia el sereno triunfo
del amor inmortal lleno de Noche.
Me conocen los niños,
y me cuajo en tristezas.
Sobre cuentos de reinas y castillos,
soy copa de luz. Soy incensario
de cantos desprendidos
que cayeron envueltos en azules
transparencias de ritmo.
En mi alma perdiéronse solemnes
carne y alma de Cristo,
y finjo la tristeza de la tarde
melancólico y frío.
El bosque innumerable.

Llevo las carabelas de los sueños
a lo desconocido.
Y tengo la amargura solitaria
de no saber mi fin ni mi destino—.
Las palabras del viento eran suaves
con hondura de lirios.
Mi corazón durmiose en la tristeza
del crepúsculo.
Sobre la parda tierra de la estepa
los gusanos dijeron sus delirios.
—Soportamos tristezas
al borde del camino.
Sabemos de las flores de los bosques,
del canto monocorde de los grillos,
de la lira sin cuerdas que pulsamos,
del oculto sendero que seguimos.
Nuestro ideal no llega a las estrellas,
es sereno, sencillo:
quisiéramos hacer miel, como abejas,
o tener dulce voz o fuerte grito,
o fácil caminar sobre las hierbas,
o senos donde mamen nuestros hijos.
Dichosos los que nacen mariposas
o tienen luz de luna en su vestido.
¡Dichosos los que cortan la rosa
y recogen el trigo!
¡Dichosos los que dudan de la muerte
teniendo Paraíso,
y el aire que recorre lo que quiere
seguro de infinito!
Dichosos los gloriosos y los fuertes,
los que jamás fueron compadecidos,
los que bendijo y sonrió triunfante
el hermano Francisco.
Pasamos mucha pena
cruzando los caminos.
Quisiéramos saber lo que nos hablan
los álamos del río—.
Y en la muda tristeza de la tarde
respondioles el polvo del camino:
—Dichosos, ¡oh gusanos!, que tenéis
justa conciencia de vosotros mismos,
y formas y pasiones,
y hogares encendidos.
Yo en el sol me disuelvo
siguiendo al peregrino,
y cuando pienso ya en la luz quedarme,
caigo al suelo dormido—.
Los gusanos lloraron, y los árboles,
moviendo sus cabezas pensativos,
dijeron: —El azul es imposible.
Creíamos alcanzarlo cuando niños,

y quisiéramos ser como las águilas
ahora que estamos por el rayo heridos.
De las águilas es todo el azul—.
Y el águila a lo lejos:
—¡No, no es mío!
Porque el azul lo tienen las estrellas
entre sus claros brillos—.
Las estrellas: —Tampoco lo tenemos:
está entre nosotras escondido—.
Y la negra distancia: —El azul
lo tiene la esperanza en su recinto—.
Y la esperanza dice quedamente
desde el reino sombrío:
—Vosotros me inventasteis corazones—,
Y el corazón:
—¡Dios mío!—
El otoño ha dejado ya sin hojas
los álamos del río.
El agua ha adormecido en plata vieja
al polvo del camino.
Los gusanos se hunden soñolientos
en sus hogares fríos.
El águila se pierde en la montaña;
el viento dice: —Soy eterno ritmo—.
Se oyen las nanas a las cunas pobres,
y el llanto del rebaño en el aprisco.
La mojada tristeza del paisaje
enseña como un lirio
las arrugas severas que dejaron
los ojos pensadores de los siglos.
Y mientras que descansan las estrellas
sobre el azul dormido,
mi corazón ve su ideal lejano
y pregunta:
—¡Dios mío!
Pero, Dios mío, ¿a quién?
¿Quién es Dios mío?
¿Por qué nuestra esperanza se adormece
y sentimos el fracaso lírico
y los ojos se cierran comprendiendo
todo el azul?—
Sobre el paisaje viejo y el hogar humeante
quiero lanzar mi grito,
sollozando de mí como el gusano
deplora su destino.
Pidiendo lo del hombre, Amor inmenso
y azul como los álamos del río.
Azul de corazones y de fuerza,
el azul de mí mismo,
que me ponga en las manos la gran llave
que fuerce al infinito.
Sin terror y sin miedo ante la muerte,

escarchado de amor y de lirismo,
aunque me hiera el rayo como al árbol
y me quede sin hojas y sin grito.
Ahora tengo en la frente rosas blancas
y la copa rebosando vino.
Aire de nocturno

1919

Tengo mucho miedo
De las hojas muertas,
Miedo de los prados
Llenos de rocío.
Yo voy a dormirme;
Si no me despiertas,
Dejaré a tu lado mi corazón frío.
¿Qué es eso que suena
Muy lejos?
Amor.
El viento en las vidrieras,
¡Amor mío!
Te puse collares
Con gemas de aurora.
¿Por qué me abandonas
En este camino?
Si te vas muy lejos
Mi pájaro llora
Y la verde viña
No dará su vino.
¿Qué es eso que suena
Muy lejos?
Amor.
El viento en las vidrieras,
¡Amor mío!
Tú no sabrás nunca,
Esfinge de nieve,
Lo mucho que yo
Te hubiera querido
Esas madrugadas
Cuando tanto llueve
Y en la rama seca
Se deshace el nido.
¿Qué es eso que suena
Muy lejos?
Amor.
El viento en las vidrieras,
¡Amor mío!
Nido

1919

¿Qué es lo que guardo en estos
momentos de tristeza?
¡Ay, quién tala mis bosques
dorados y floridos!
¿Qué leo en el espejo
de plata conmovida
que la aurora me ofrece
sobre el agua del río?
¿Qué gran olmo de idea
se ha tronchado en mi bosque?
¿Qué lluvia de silencio
me deja estremecido?
Si a mi amor dejé muerto
en la ribera triste,
¿qué zarzales me ocultan
algo recién nacido?
Otra canción

1919

(Otoño)

¡El sueño se deshizo para siempre!
En la tarde lluviosa
mi corazón aprende
la tragedia otoñal
que los árboles llueven.
Y en la dulce tristeza
del paisaje que muere
mis voces se quebraron.
El sueño se deshizo para siempre.
¡Para siempre! ¡Dios mío!
Va cayendo la nieve
en el campo desierto
de mi vida,
y teme
la ilusión, que va lejos,
de helarse o de perderse.
¡Cómo me dice el agua
que el sueño se deshizo para siempre!
¿El sueño es infinito?
La niebla lo sostiene,
y la niebla es tan sólo
cansancio de la nieve.
Mi ritmo va contando
que el sueño se deshizo para siempre.
Y en la tarde brumosa
mi corazón aprende
la tragedia otoñal
que los árboles llueven.

El macho cabrío

1919

El rebaño de cabras ha pasado
junto al agua del río.
En la tarde de rosa y de zafiro,
llena de paz romántica,
yo miro
el gran macho cabrío.
¡Salve, demonio mudo!
Eres el más
intenso animal.
Místico eterno
del infierno
carnal…
¡Cuántos encantos
tiene tu barba,
tu frente ancha,
rudo Don Juan!
¡Qué gran acento el de tu mirada
mefistofélica
y pasional!
Vas por los campos
con tu manada,
hecho un eunuco
¡siendo un sultán!
Tu sed de sexo
nunca se apaga;
¡bien aprendiste
del padre Pan!
La cabra
lenta te va siguiendo,
enamorada con humildad;
mas tus pasiones son insaciables;
Grecia vieja
te comprenderá.
¡Oh ser de hondas leyendas santas
de ascetas flacos y Satanás,
con piedras negras y cruces toscas,
con fieras mansas y cuevas hondas,
donde te vieron entre la sombra
soplar la llama
de lo sexual!
¡Machos cornudos
de bravas barbas!
¡Resumen negro a lo medieval!
Nacisteis junto con Filomnedes
entre la espuma casta del mar,
y vuestras bocas
la acariciaron

bajo el asombro del mundo astral.
Sois de los bosques llenos de rosas
donde la luz es huracán;
sois de los prados de Anacreonte,
llenos con sangre de lo inmortal.
¡Machos cabríos!
Sois metamorfosis
de viejos sátiros
perdidos ya.
Vais derramando lujuria virgen
como no tuvo otro animal.
¡Iluminados del Mediodía!
Pararse en firme
para escuchar
que desde el fondo de las campiñas
el gallo os dice:
¡Salud!, al pasar.

Made in the USA
Columbia, SC
28 August 2024